*Desde un cuarto propio,
compilación de poetas iberoamericanas*

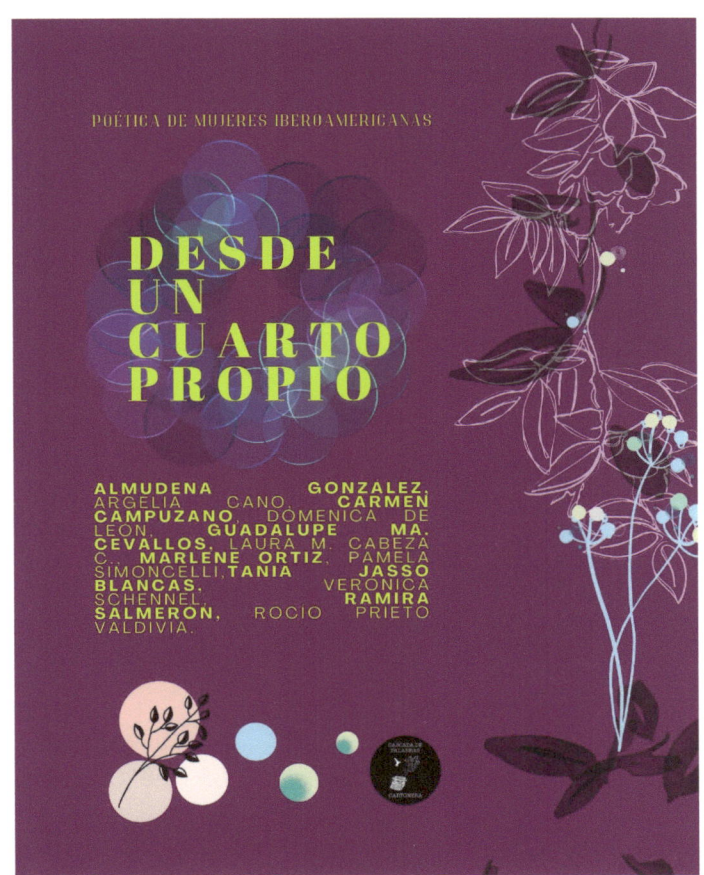

Cascada de Palabras, cartonera

Desde un cuarto propio,
compilación de poetas iberoamericanas

Desde un cuarto propio
MUJERES POETAS DE IBEROAMÉRICA
Cascada de Palabras, cartonera
Compilación editorial

Poetas: ☐Almudena González, ☐Argelia Cano, ☐Carmen Campuzano, ☐Domenica de León, ☐Guadalupe Ma. Cevallos, ☐Laura M. Cabeza C., ☐Marlene Ortiz, ☐Pamela Simoncelli, ☐Ramira Salmerón, ☐Rocío Prieto Valdivida, ☐Tania Jasso Blancas, ☐ Verónica Schennel.

Compilación de Monica Gameros,
Dirección editorial

Prohibida la reproducción parcial o completa de esta compilación el permiso previo de la editorial Cascada de Palabras, cartonera o de la editora Monica Gameros García. Todos los derechos reservados.

Contacto
Whatsapp **+52 5584005779**
editorialcascadadeplabras@gmail.com

Cascada de Palabras, cartonera

Desde un cuarto propio,
compilación de poetas iberoamericanas

Desde un cuarto propio
MUJERES POETAS DE IBEROAMÉRICA

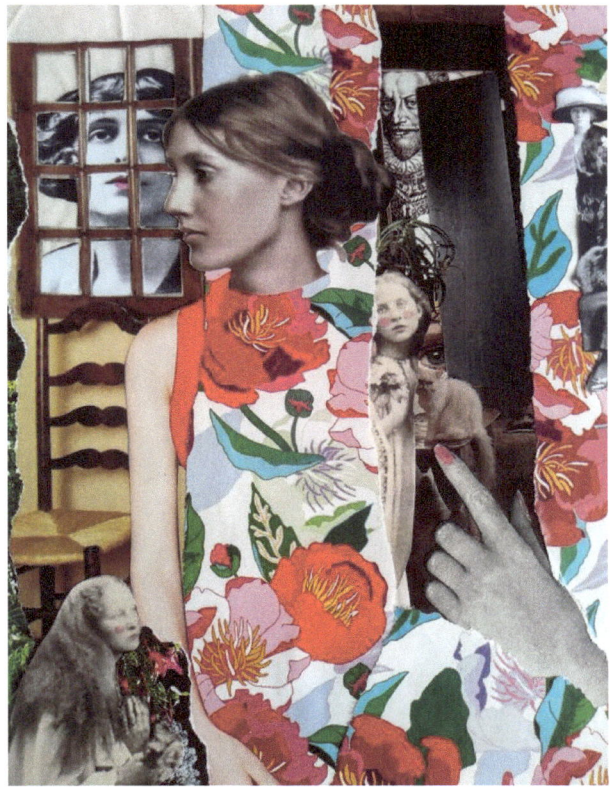

Cascada de Palabras, cartonera

*Desde un cuarto propio,
compilación de poetas iberoamericanas*

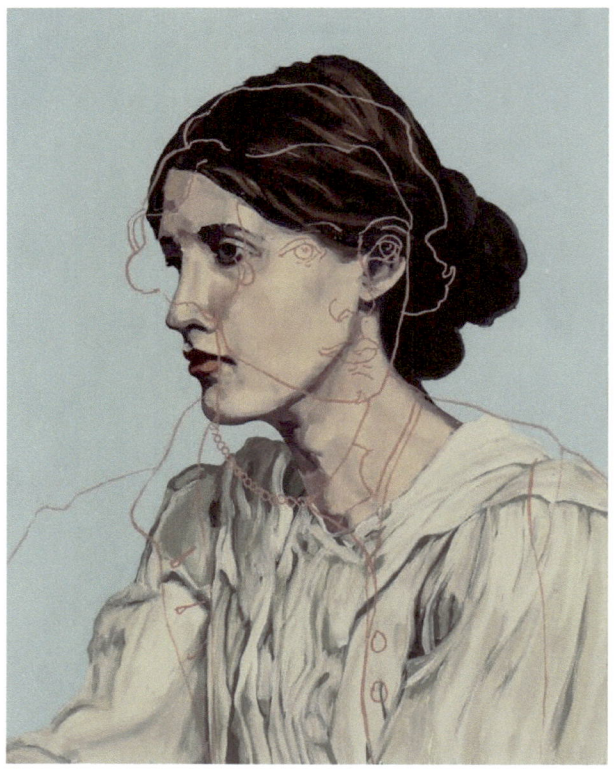

*No hay barrera, cerradura ni cerrojo
que puedas imponer
a la libertad de mi mente*

Virginia Woolf, escritora británica y destacada figura del feminismo internacional cuyas obrasabordan temas como la identidad, la conciencia femenina y la lucha por la igualdad de género. (1882-1941)

Cascada de Palabras, cartonera

Desde un cuarto propio,
compilación de poetas iberoamericanas

> *Un yo que sigue cambiando*
> *es un yo que continúa viviendo...*
> Virginia Woolf

Hoy la literatura es utilizada como instrumento de sonoridad para las mujeres, un eco que infrinje grietas al siencio impuesto en el estereotipo de la buena mujer que además de sumisa es una santa abnegada que se sacrifica por el bien común en la familia. Se gana visibilidad para las injustiacias en un mundo privado que se convirtió en un eden para el abuso del privilegio de género.

Hoy las mujeres escriben más que nunca, en número y cantidad y, así, multiplican las ideas de la equidad y la justicia para las mujeres.

Desde un cuarto propio es un poemario que tiene por objetivo presentar las voces literarias de mujeres iberoamericanas que retratan sus problemas, sus conflictos, sus pasiones y su resilencia. Sirva este libro como espejo para el encuentro de quienes escriben y quienes leen estas páginas.

Cascada de Palabras, cartonera

*Desde un cuarto propio,
compilación de poetas iberoamericanas*

*La vida es un sueño,
despertar es lo que nos mata...*
Virginia Woolf

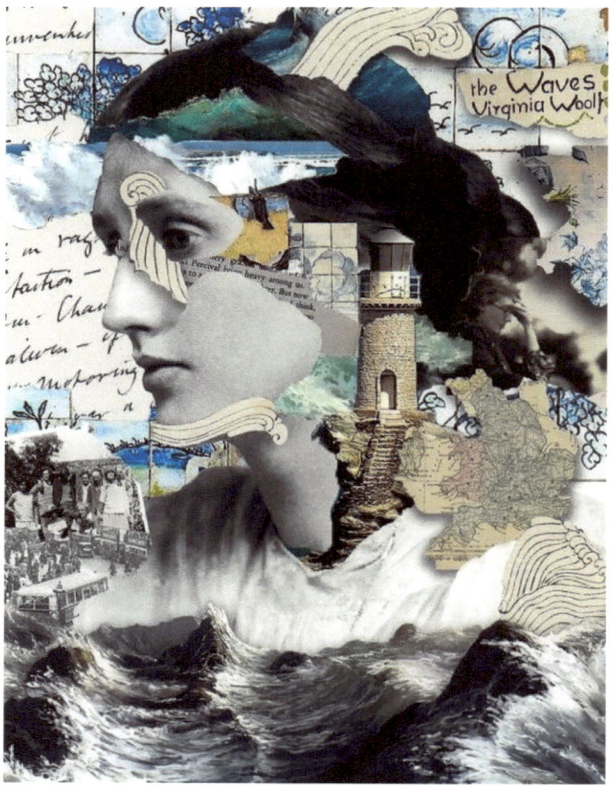

Cascada de Palabras, cartonera

Desde un cuarto propio,
compilación de poetas iberoamericanas

Necesito soledad.
Necesito espacio.
Necesito aire.
Virginia Woolf

Almudena González
Malaga, España

Desesperación

Niebla en el cielo, negra la noche, el leve asubio del viento, se percibía como lamentos de dolor, despojaba árboles de su vestimenta, al compás de una vieja mecedora; cualquiera que la viese, diría que sus ojos albergaban terror como dos lunas llenas perdidas en el horizonte.

Las arrugas de su piel y la tristeza en su rostro trasmitían vació; se retorció con dolor; lágrimas brotaban por sus mejillas, estrellándose en el suelo, rompiendo el silencio.

Cascada de Palabras, cartonera

Desde un cuarto propio,
compilación de poetas iberoamericanas

Se levantó, salió del porche hacia el sendero que comunicaba con la playa; caminaba lenta, segura; cuando sus pies rozaron la arena, suspiró; descalza, se encaminó hacia la orilla, tras unos segundos la arroparon las olas y la vi por última vez, bajo un manto azul con un cielo estrellado, decidida a evadirlo todo.

Buscaba el silencio de algunos fantasmas del pasado, con la luna llena como único testigo del desestimiento personal a no luchar por lo que quieres, y así mutar tu vida en un sueño; ella prefirió soñar.

Almudena González Fernández
Gallega

Madre y empresaria de su propia vida, en constante descubrimiento personal y profesional. Su sueño es poder seguir eligiendo él caminó que quiere vivir.

Cascada de Palabras, cartonera

*Desde un cuarto propio,
compilación de poetas iberoamericanas*

*La belleza debe romperse a diario
para permanecer hermosa...*
Virginia Woolf

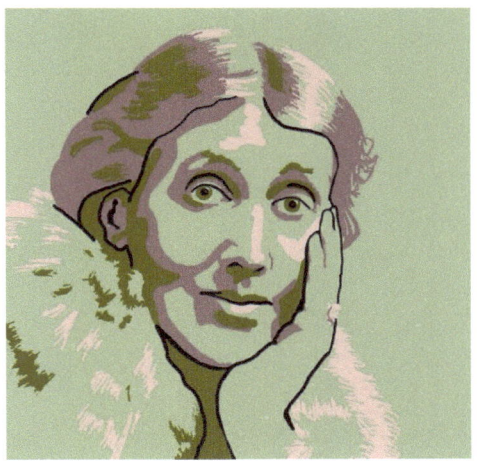

Argelia Cano

Inseguridades

Los miedos que sentía son culpa del abuelo;
al compararme con mis primas y hermanas, y
por no aceptarme tal como yo era.
Miedos convertidos en complejos,
para el caso, es lo mismo.

Cascada de Palabras, cartonera

Desde un cuarto propio,
compilación de poetas iberoamericanas

¡Mira que ponerme apodos!
¡Se burlaba de mis defectos!
"Defectos" según él.
Tarde me di cuenta, de que
en realidad son atractivos,
propios de una mujer.

Boca grande, caderas anchas, glúteos abultados,
senos voluptuosos, piernas atléticas;
encantos femeninos de una mujer, una dama.

Por fortuna, me liberé de las inseguridades,
manifesté audacia y arrojo; continué sin temor.

Ahora, me regocijo en mi silueta. Todavía,
la mente me juega algunos reveces, me sugiere
que implore su perdón por inculparlo,
me susurra y dice: -"Él no sabía" que en ti,
en tu persona, ocurriría un plan perfecto.

Habitaba la mirada del Dios del cielo.

Cascada de Palabras, cartonera

Desde un cuarto propio,
compilación de poetas iberoamericanas

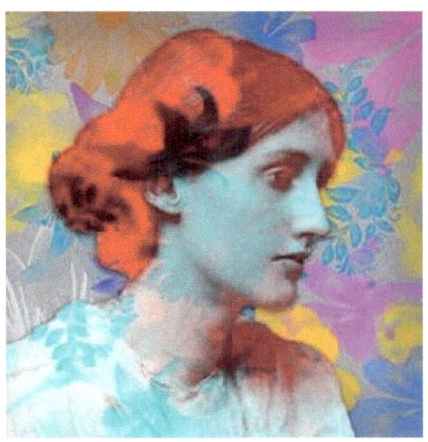

Renuncia
Cuando la tarde maquillada de arreboles
susurre certezas y mensajes discretos,
aprisione silencios,
expele sus profundos suspiros;
desandaré los pasos del camino hacia tus besos.
Esfumaré las risas dibujadas en tus pupilas;
el nosotros, será difuminado en los sueños
                            de azules matizados.
Soltaré promesas y fantasías, en cada perla del
rocío vespertino.
Rnunciaré a pronunciar tu nombre, esparcido
en la neblina.

Cascada de Palabras, cartonera

Desde un cuarto propio,
compilación de poetas iberoamericanas

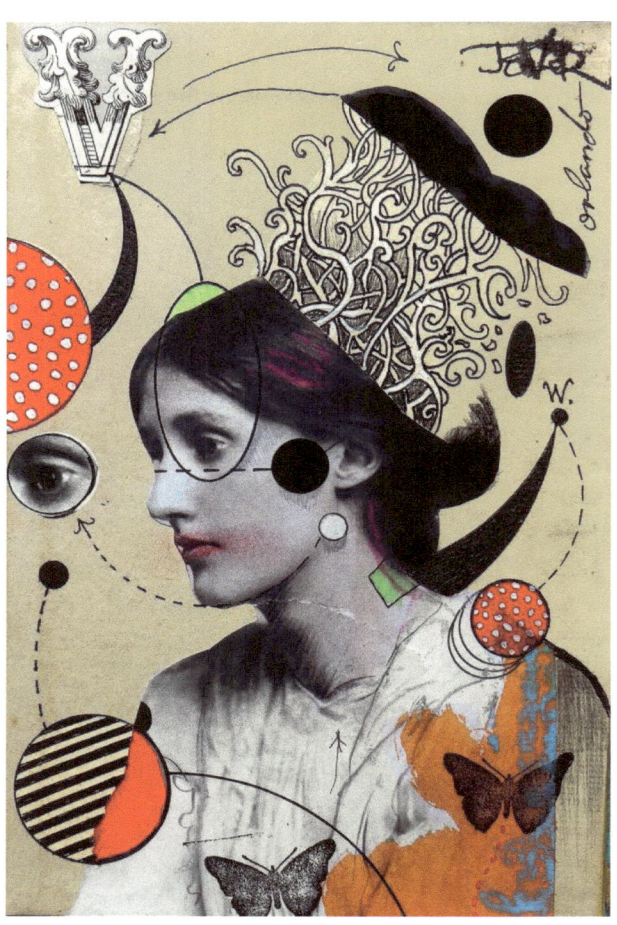

Cascada de Palabras, cartonera

Desde un cuarto propio,
compilación de poetas iberoamericanas

Días fríos

Los días fríos tienen el cielo gris, se acompañan
de monotonía. Los días fríos son solitarios,
sin palabras, ni murmullos.
En los días fríos no hay arcoíris
                ni flores coloridas; tampoco,
                      aromas suaves en el aire.

Los días fríos citan los recuerdos para reposar
junto al fuego, cantar por dentro...
Invitan a quererme a solas. Hacerlos míos,
solo míos.

Argelia Rebeca Cano Domínguez
México
Poeta, Escritora y Conferencista.
Bióloga, Especialista y Certificada
en Competencias Docentes.
Autora de Aromas que trael el viento;
coautora de "Segunda antología de espertos de
empodérate, tú puedes" Best Seller, en Amazon.

Cascada de Palabras, cartonera

*Desde un cuarto propio,
compilación de poetas iberoamericanas*

¡Ah, la felicidad depende de cosas tan pequeñas...!
Virginia Woolf

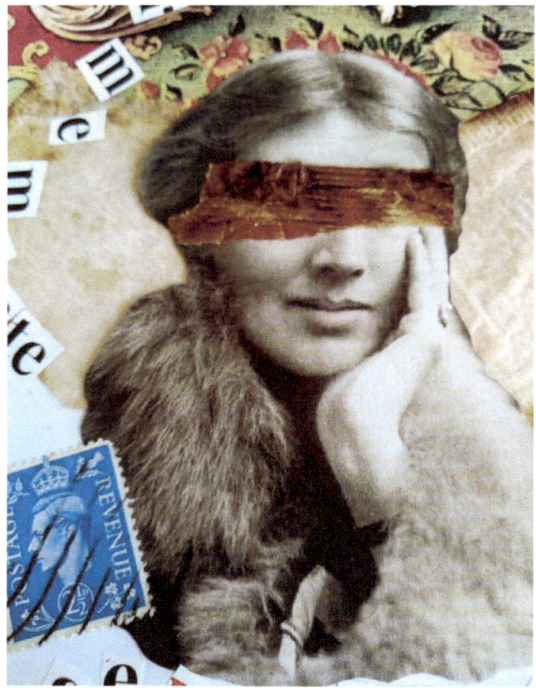

Cascada de Palabras, cartonera

*Desde un cuarto propio,
compilación de poetas iberoamericanas*

> *Cuántas mujeres olvidadas
> porque ellas mismas
> ni siquiera pudieron,
> pueden o podrán decir:
> esta boca es mía,
> este cuerpo es mío,
> esto es lo que yo pienso.*
> **Virginia Woolf**

Carmen Campuzano

Peregrinas

Son ellas, en el camino las he encontrado,
peregrinas
      Cómplices de signos,
        de la herida en el costado
Caudal de palabras que de corazones brota.
Conmovidas, avanzamos en la arena que registra nuestros pasos, marcando círculos, sanando heridas.

En el eco, nuestras voces
mujeres nómadas migrando hacia nosotras,
somos.

Cascada de Palabras, cartonera

Desde un cuarto propio,
compilación de poetas iberoamericanas

Restauración

¿Quién restaurará la superficie de su piel lozana? ¿Quién las abolladuras?
¿Con qué borrarán el miedo y los ultrajes?
¿Quién recogerá los pedazos de su corazón?
¿En qué tienda venden repuestos de lo que han dañado? ¿Cómo les pedirán perdón?
¿Quién restaurará?

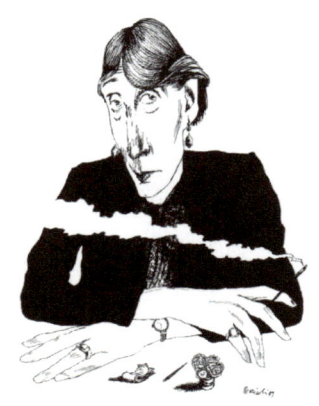

Cascada de Palabras, cartonera

Desde un cuarto propio,
compilación de poetas iberoamericanas

¿Inicio tardío?

Iniciaste tarde -me dijo un hombre
que se acercó para que le firmara un libro.

¿Inicio tardío?
Como si las acciones que decida ejecutar,
tuvieran siempre que estar regidas
por un calendario cronológico,

como si fuese muñequita de cuerda,
        que me activan con una llave y luego
        me dan una palmadita para que
        sepa que ya estoy lista
        y tengo el permiso de iniciar.

Como si la vida
tuviera un letrero que me indica:

    La puerta está cerrada, imposible
entrar, porque llegaste tarde, ni lo intentes.

Cascada de Palabras, cartonera

Desde un cuarto propio,
compilación de poetas iberoamericanas

La edad en que decida iniciar algo, no garantiza
la calidad o le resta valor.

Tiene importancia escuchar la voz de
mis deseos y seguir mis convicciones.

No le contesté nada al hombre,
sólo escribí esta larga dedicatoria en el libro
que me compró y se lo entregué con una
sonrisa.

Carmen Campuzano
Artista visual y escritora. Autora de cinco libros y coautora de otro. Colabora en diversas Antologías de México, USA y España. A partir de 1990 su labor creativa se desarrolla paralela a los Talleres que imparte para niños, jóvenes y mujeres en donde fusiona las Artes Plásticas con la mediación lectora.

Cascada de Palabras, cartonera

Desde un cuarto propio,
compilación de poetas iberoamericanas

Las mujeres han vivido
todos estos siglos como esposas,
con el poder mágico y delicioso
de reflejar la figura del hombre,
el doble de su tamaño natural.
Virginia Woolf

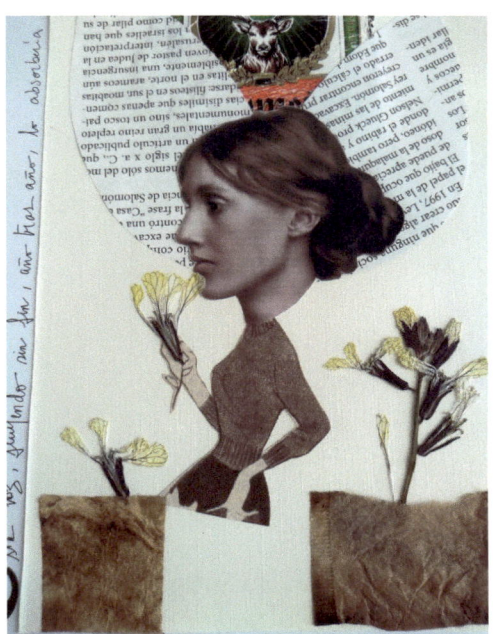

Cascada de Palabras, cartonera

*Desde un cuarto propio,
compilación de poetas iberoamericanas*

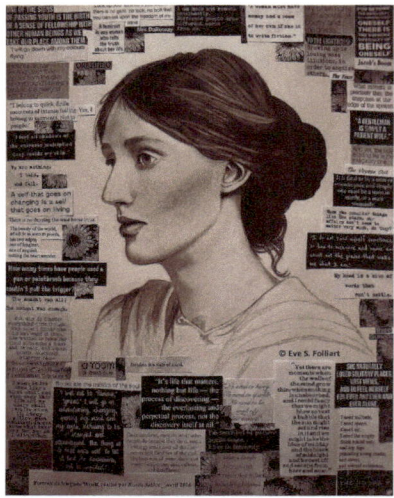

Los libros son los espejos del alma...
Virginia Woolf

María Guadalupe
Cevallos Rodríguez

Abordaje

Nos han saturado con el empoderamiento y luego con el auto cuidado, y en estas dos palabras trato de situar a la mujer que escucha, que lee, quien es hacedora de palabras.

Cascada de Palabras, cartonera

Desde un cuarto propio,
compilación de poetas iberoamericanas

A ese ser en su papel más simple y a la vez complejo, es decir, perteneciente a la especie humana. Y es que, querida, me parece paradójico que, en pleno siglo XXI, se tenga que detallar aspectos tan básicos.

Realmente, las estrellas no vendrán a dictar nuestra naturaleza; ni los Dioses cedieron el cetro a Apolo para describirnos cómo un ser alado de tiernos causes; ni la especulación científica como eternas envidiosas del falo.

La mujer no necesita más que el sentido común que las habita, para descubrir los soles eternos que, por generaciones, el género femenino ha dejado a su paso.

Hablar del autocuidado puede tomarse desde diferentes ángulos, todos femeninos, todos revolucionarios, porque cada acción se resiste al derroteo de las desigualdades.

Cascada de Palabras, cartonera

Desde un cuarto propio,
compilación de poetas iberoamericanas

Aquellas formas, añejas, cotidianas y bofas que labraron la escultura antropomorfa de la mujer, determinaron aspectos y ámbitos de lo femenino y, gracias a la fuerza del útero, se han desmoronado.

El feminismo se empoderó ante la mirada absorta de una sociedad machista y, con esa palabra, no hizo más que tomar y ajustar al molde existente, sus múltiples necesidades.

La lucha por la equidad es una lucha por el reconocimiento de lo natural y evidente. Porque la mujer ya es, por sí misma, un ser inacabado.Sí, tiene la grandiosa virtud de ser auto perfectible. La mujer cumple justamente con las capacidades que la vida le ha otorgado a todo ser humano, provisto de decisión propia, para darle sentido a cada uno de sus pasos y disfrutar cada aspecto que la distingue, en tan bella pluralidad.

Fuera de toda doctrina aleccionada, estereotipada e impuesta.

Cascada de Palabras, cartonera

Desde un cuarto propio,
compilación de poetas iberoamericanas

Cuestionar, investigar, leer, aprender, reflexionar, amarse, o ser indulgentes con ellas mismas y con su entorno inmediato; gritar de indignación ante las injusticias, sin dejar de reír y bailar.

Sin dejar de ser niña ni vieja, porque en todas las experiencias hay sentido de su existencia. La mujer es, un ser en abundancia como la tierra misma, como esa sabia que va nutriendo troncos, ciudades, semilla.

Sólo ellas llevan el arcoíris en la mirada para pintar sus múltiples quehaceres en este mundo.

El empoderamiento no lleva armadura de guerra, es el conocimiento pleno de las capacidades que hacen gala de lo que son y de lo que han decidido por voluntad propia para adueñarse de su presente y futuro.

La mujer no necesita que se le otorgue un plus, un extra a su género.

Cascada de Palabras, cartonera

Desde un cuarto propio,
compilación de poetas iberoamericanas

Sólo necesita conocer de qué está hecha, sin culpa impuesta, sin auto castigos por incomodar, sin victimismos; simplemente, la aceptación y ésta, se logra con felicidad, responsabilidad y autocuidado.

Nadie puede defender lo que desconoce o no posee, como tampoco percibirse con miradas ajenas, miradas distantes que desconocen los alcances y la honestidad asumida de su propia voz. Para un abordaje en el porvenir, el camino debe ser sin sombras que soslayen su propia condición humana.

Cuando el espíritu se hace inquebrantable, la mujer es un suave huracán que arrasa todo y busca la única verdad que desea encontrar.

Suave huracán que levanta ciudades enteras, se despoja de todas las ideas impuestas acerca de sí misma o de la ilusión de un mundo idílico, para sembrar un cielo eterno en el centro de su vida; de lo contrario, desaparecerá.

Cascada de Palabras, cartonera

Desde un cuarto propio,
compilación de poetas iberoamericanas

Siempre busca la seguridad que habita en su alma y que nadie podrá destruir. Cuando abre los ojos, es un cielo con dioses inconclusos; el resplandor fugitivo que enciende con aire azul los mares primigenios.

Todas las mañanas se regala los bordes desgastados de múltiples roles con sólo una vida. Todo es necesario para ella, desde el calor del desierto, para recordar lo mucho que se ama, hasta la lluvia que empapa cada rincón y quema vestigios de recuerdos. Siempre necesitará más nubes o mar abierto para confiar.

Toda ella es agua; se gesta la vida y el viento aviva la llama... y realmente, no conozco una sola que no lleve una cicatriz bordada en su alma, tan sólo una firma genuina de vida.

Vida demasiado grande como para pasar pequeña. Su paso firme en el camino, es aliento que va desplazando incertidumbres.

Cascada de Palabras, cartonera

Desde un cuarto propio,
compilación de poetas iberoamericanas

Otra vez, estoy hablando sola....

Formulo teorías cotidianas en nuestros casi desvanecidos *porqués* de nuestra cuestionada condición humana, simplemente se es.

María Guadalupe Cevallos Rodríguez
Morelos, México, 1968
Ha colaborado en Revistas electrónicas y periódicos locales con artículos de opinión, cuento breve y poesía. Comparte por redes sociales su creación.
Blog https://miespacio27.webnode.mx
RSS FB: Una Habitación Propia
TikTok: Solounavoz1

Cascada de Palabras, cartonera

Desde un cuarto propio,
compilación de poetas iberoamericanas

La muerte es el enemigo.
La muerte es contra lo que cabalgo
con la espada envainada
y el pelo flotando al viento.
Virginia Woolf

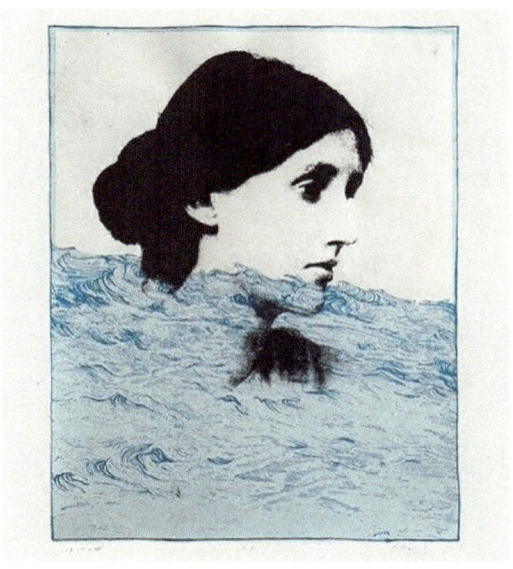

Cascada de Palabras, cartonera

Desde un cuarto propio,
compilación de poetas iberoamericanas

Laura Marcela
Cabeza Cifuentes

Alucinación colectiva

Por Salma Henao

Salgo a la ciudad pocas veces,
con objetivos meticulosamente establecidos:
Lana para un proyecto de tejido; víveres
(que se debería o podría cultivar yo misma),
y otros qué, bueno...

Llego al centro comercial.

Hoy, debo ir por un regalo de cumpleaños;
cumpleaños al que no esperábamos ser
invitados, pero allí estamos.

Mi respiración se acelera a medida que
ingresamos al subterráneo de los parqueaderos.

Cascada de Palabras, cartonera

Desde un cuarto propio,
compilación de poetas iberoamericanas

Mi esposo que me conoce, sabe quién soy. Pone su mano sobre la mía y comienza a hablarme sobre algo; quiere distraer mi atención.

Noto el sudor en mis manos, la taquicardia, la respiración agitada. Inhalo profundo, exhalo y trato de concentrar mi atención en la conversación que él intenta mantener conmigo.

No quiero esta realidad que me es incómoda, pero me obligo a permanecer en la normalidad. Por él, por mí, por los niños.

Me obligo a enfrentarlo, como quien inicia un ritual de plantas sagradas, me lanzo en caída libre.

Casi puedo ver el aliento de otro que cruza el pasillo, camina en dirección contraria, su olor, su energía, su respiración. No necesito esa cercanía. No quiero esa intimidad obligada de la fila.

Cascada de Palabras, cartonera

*Desde un cuarto propio,
compilación de poetas iberoamericanas*

Me agobia la multitud, el eco ensordecedor de esa cápsula, no es más simpático que si fuera una ratonera.

Filas interminables de automóviles, unos tras otros y el siguiente, más ostentoso y vulgar que el anterior.

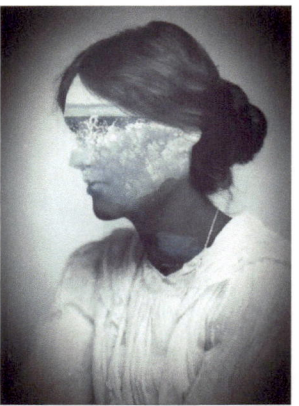

Sus pasajeros descienden tan aterrados como yo, pero lo niegan, lo disimulan para sí y para el mundo, en trajes pulcramente elegidos, meticulosamente acomodados; en gafas negras de diseñador y accesorios de marca.

El ascensor apesta a olores ajenos. Yo, que voy sin embalaje, así, simplemente yo, noto la tensión en sus puños, el desagrado que se filtra en sus rostros que, no obstante, tratan de impostar una sonrisa para selfi.

Cascada de Palabras, cartonera

Los precios son una amenaza, la oferta es una ofensa a la razón.

El mercado hoy, es la especialización de lo inútil... Un electrodoméstico que le retira la cáscara a la naranja, como si los dos minutos que se invierten al pelar una naranja fuera un gran dilema en la vida humana.

—Señora, lleve el trapero que se lava solo—

¿Solo? Electrodomésticos y utensilios que prometen quitarle a usted la molestia de hacerse cargo, de su desorden, de su basura, de su vida.

Como si tal cosa fuera posible.

Estamos en la era de lo vano, ya no cultivamos nuestros alimentos, ya no construimos nuestras viviendas, ya ni siquiera cuidamos a nuestras familias; no hay tiempo para eso, ni siquiera sabemos hacerlo.

Desde un cuarto propio,
compilación de poetas iberoamericanas

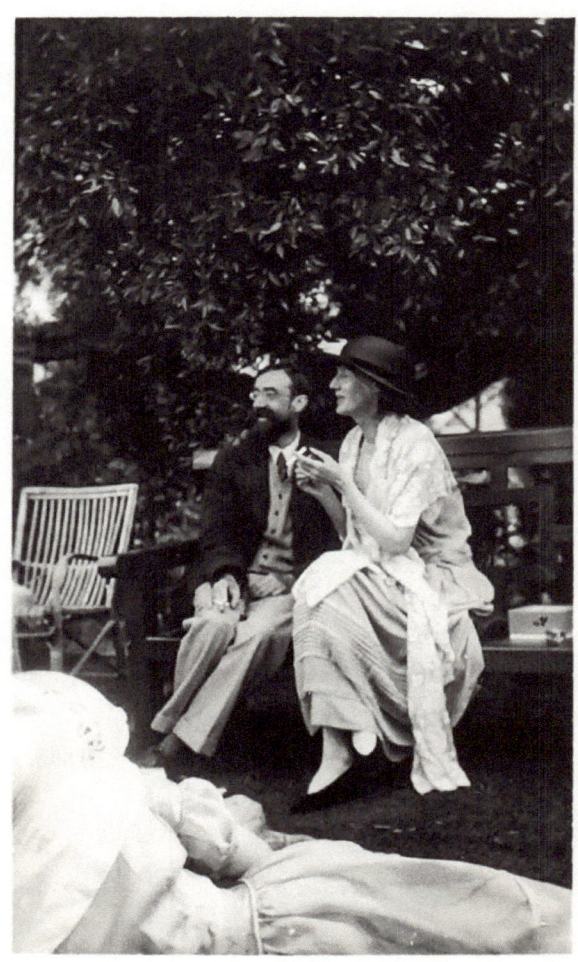

Cascada de Palabras, cartonera

Desde un cuarto propio,
compilación de poetas iberoamericanas

Tendríamos que comprar el curso para aprenderlo, porque para la era del consumo somos los perfectos idiotas.

Es el tiempo de la producción y el consumo de lo especializadamente inútil. Llegamos a la zona de juguetería. ¿Habrá, en la vida, algo más zonzo para un niño que un juguete?

Podríamos decir que algunos son sencillos, lógicos, artesanales, de madera, de bajo costo y poca contaminación.

Que al ser, medianamente didácticos, obligan la interacción entre cuidador y niño, pero estamos ellos y nosotros, tan agobiados con las múltiples ofertas que nos bombardean por todas las esquinas y resulta imposible el encuentro.

La cercanía se torna pesada, una demanda adicional, que al no ser contractual no es obligatoria.

Cascada de Palabras, cartonera

Desde un cuarto propio,
compilación de poetas iberoamericanas

Hay que buscar ese otro juguete, ese que promete hacerlo todo por nosotros y por nuestros hijos. Ese que desarrolla habilidades que ni siquiera sabíamos posibles: el que habla, el que lee, el que canta, el que acompaña para dormir. Ese que por la dimensión astronómica de su precio, suponemos que habrá de reemplazar en valor del tiempo, del canto, del juego y de la lectura con nuestros hijos.

Hace años que peleo con esta alucinación colectiva, para no volver a casa agobiada por la sugestión de necesidad y escasez.

Lucho para distinguir lo necesario de lo suntuoso que, *debo creer*, me agrega valor, al quitarme la vida. Años cultivando el valor de la vida, más allá del precio.

Me aferro a la respiración, a la atención plena, hiperventilando y con taquicardia. Hago un esfuerzo sobrehumano para concentrar mi atención. Como quien inicia la misión en un videojuego, lleno obstáculos inesperados.

Cascada de Palabras, cartonera

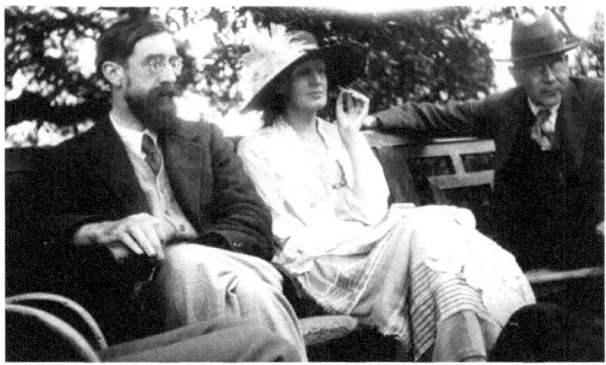

Paseo por los pasillos del Dollar City, meticulosamente. Como un asesino de sangre fría, reto mi voluntad, mi certeza y mi deseo. Avanzo como en un campo de batalla con el objetivo claro, evadiendo con valor cada lanza, cada golpe, cada estruendo.

Me escabullo entre los pasillos y las vitrinas, me deslizo aterrada, aún en pánico; quiero terminar el recorrido, pasar el tablero, quiero llegar a casa ilesa. Segura de que, no consumir, no me hace un pésimo ser humano. Que consumir, no me hará un humano más feliz.

Desde un cuarto propio,
compilación de poetas iberoamericanas

Interrogo los objetos, para cerciorarme de que no necesito un nuevo par de zapatos, ni comidas infladas de esteroides, saborizadas con colorantes y endulzantes artificiales.

No quiero cambiar mi tiempo de vida por una promesa que parece siempre alejarse.

No quiero ser el conejo que corre tras la zanahoria, que -por cierto- lleva atada a sí mismo.

Laura Marcela Cabeza Cifuentes
Seudónimo: Salma Henao
País: Colombia
Facebook: @laura.cabeza /Instagram @mar_hache_

Salma Henao. Poeta y escritora Antropóloga con opción en literatura, estudios de especialización en psicología transpersonal, Magíster en literatura y estudios técnicos en danza contemporánea. Madre de cinco hijos, educadora en casa. Autora de Al otro lado (Fallidos editores, 2022)

Cascada de Palabras, cartonera

Desde un cuarto propio,
compilación de poetas iberoamericanas

Un yo que sigue cambiando
es un yo que continúa viviendo...
Virginia Woolf

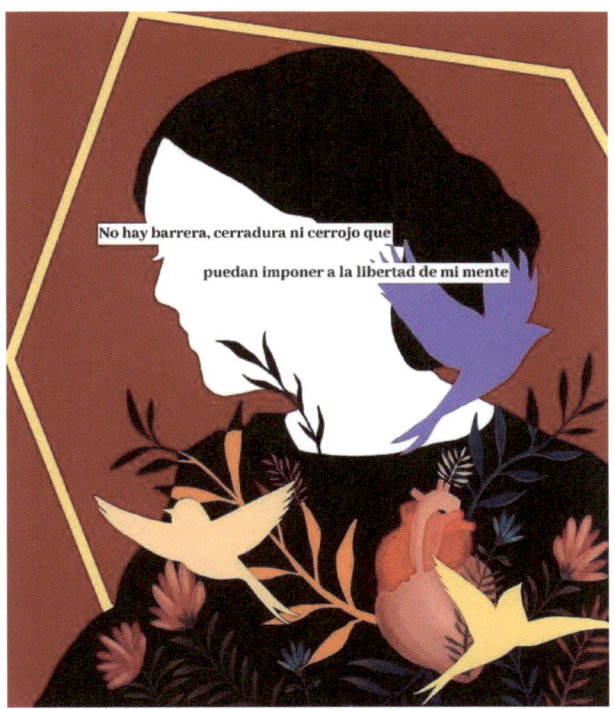

No hay barrera, cerradura ni cerrojo que puedan imponer a la libertad de mi mente

Cascada de Palabras, cartonera

Desde un cuarto propio,
compilación de poetas iberoamericanas

Porque más allá de la dificultad
de comunicarse uno mismo,
existe la suprema dificultad
de ser uno mismo.
Virginia Woolf

Domenica de León

Dolorosa

Si me vieras, seguramente pensarías que estoy
a un paso de la locura. Se me nota en la cara,
en la vida, en el cuerpo.

Esta es la decisión más adictiva
                    que he experimentado.
Placentera, inconsumible y para muchos irreal.

Cuando la gente pasa y me ve con ella entre las
manos, voltea su cara con evidentes gestos de
desaprobación.

Cuando la ofrezco, algunos se asustan,
piensan que he perdido la cabeza, así como
                            mi futuro.

Cascada de Palabras, cartonera

Desde un cuarto propio,
compilación de poetas iberoamericanas

Ya no siento al viento igual.
Bailo, fugazmente, en lugares indebidos.
Lloro sin dar explicaciones
    y también le sonrío a los niños.

Algunos creen haberla experimentado,
con pequeñas dosis que se han suministrado;
pero, es tan dulce como dolorosa,
tan fuerte que, con un solo día,
ya no podrías parar.

      Una vez, probé la libertad
       y ya no pude dejarla.

Cascada de Palabras, cartonera

Desde un cuarto propio,
compilación de poetas iberoamericanas

Guerrera

Me dices que soy fuerte y valiente,
que soy una "Guerrera".
Me haces sentir hipócrita
Soy de esas que le temen a la soledad,
a las burlas, a las alturas, a la oscuridad,
a perder seres queridos,
a sentir cómo alguien me sigue,
a ver la sangre en mi ropa,
a tener que luchar por mi vida.

Me dices valiente por ocultar mi dolor,
 -el peor habito que mejor me sale-
lo he practicado durante años y es
 como si me dijeras *cobarde* por sentir,
 por esos halagos.

Mucho tiempo callé mi llanto, fingí sonrisas.
No me permití el lujo de ser humana.
Para ti, sólo tengo valor por estar en batallas
que nunca quise luchar y me duele que
-quienes las perdieron- no tengan tal mérito.
Soy una guerrera que quiere paz. Necesito paz.

Cascada de Palabras, cartonera

Desde un cuarto propio,
compilación de poetas iberoamericanas

Nido

Estoy cansada de llamarte amiga, que nadie vea
una cita cuando comemos en la esquina.
Ojalá pudiera besarte a media calle,
sin que los hombres crean que los seducimos,
sin que las señoras nos vean con asco,
sin que piensen que somos un juego.

Quisiera amarte,
con la libertad que promete este siglo.

Tú dices que no importa,
que tenemos nuestro propio nido y a mí,
me importas tú.
                Pero te mentiría si no te dijera
                    que quisiera ese nido,
                que nos abarcara el mundo.

Cascada de Palabras, cartonera

Desde un cuarto propio,
compilación de poetas iberoamericanas

DOMÉNICA MAYÁHUEL
Reynosa, Tamaulipas. México

Su interés por la literatura surgió, como en muchas otras personas, de las historias que le contaban sus padres antes de dormir.
Iniciando con escritos propios en la adolescencia, en la actualidad participa en la antología *"Hechizo de Voces"*.

RSS @Doménica Mayáhuel

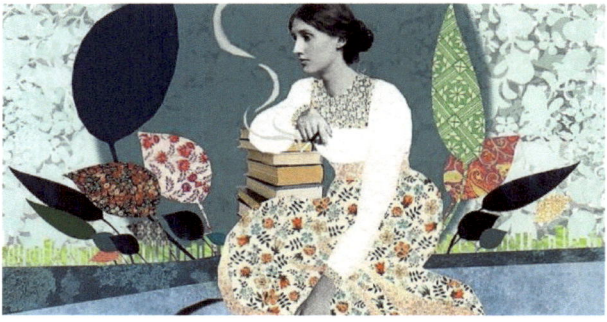

Cascada de Palabras, cartonera

*Desde un cuarto propio,
compilación de poetas iberoamericanas*

*Y de nuevo volvió a sentirse sola
ante la presencia de su eterna antagonista;
la vida.*
Virginia Woolf

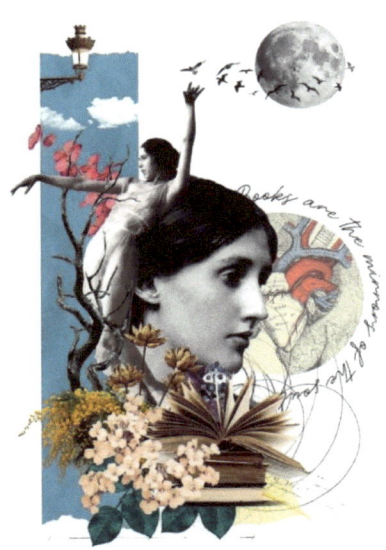

Cascada de Palabras, cartonera

*Desde un cuarto propio,
compilación de poetas iberoamericanas*

*Escribid, mujeres, escribid,
que durante mucho tiempo
se nos fue negado.*
Virginia Woolf

Marlene Ortiz

¡Somos mujeres!

Una almohada tibia
besa nuestros sueños.

¡Somos arcillas ardientes!
Somos entrañas
      que gimen el sudor de la existencia.

Somos débiles ante el dolor.
Somos fuertes con el dolor.
Somos mujeres.

Cascada de Palabras, cartonera

Desde un cuarto propio,
compilación de poetas iberoamericanas

Mujer

Yergue tus pechos, atrapa los vientos
     y rompe en silencio, los grandes sonidos.
Abre tus entrañas, fecunda el hierro
     que se funda en destellos, el alma sumisa.

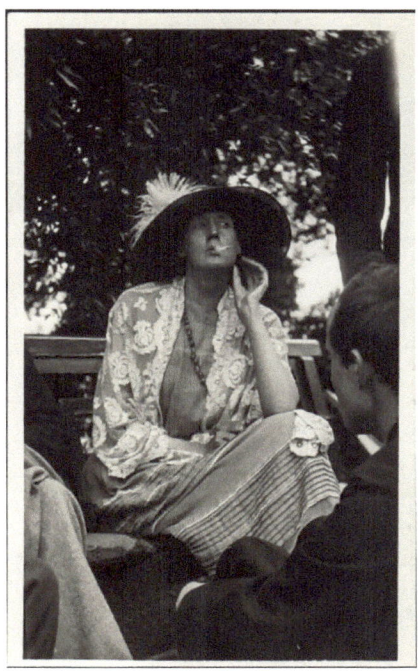

Cascada de Palabras, cartonera

*Desde un cuarto propio,
compilación de poetas iberoamericanas*

Clamor

La noche trae consigoel gemido tenue
de una gran batalla.
El aire se ahoga en silencio.
La mirada se pierde en el vacío
                  de un lento amanecer.
La calma, yace dormida; el alma,
siente rasguños de miseria, de hambre
                  y de mucho dolor.

Marlene Ortiz Urgilez
Ecuador.
Poeta, escritora, gestora cultural,
maestra, humanista.
Participante activa en eventos presenciales
y virtuales a nivel nacional e internacional.
Conferencista a nivel nacional e internacional,
promoviendo la paz y el cuidado a la gran naturaleza.

Cascada de Palabras, cartonera

Desde un cuarto propio,
compilación de poetas iberoamericanas

Una feminista es cualquier mujer
que dice la verdad sobre su vida.
Virginia Woolf

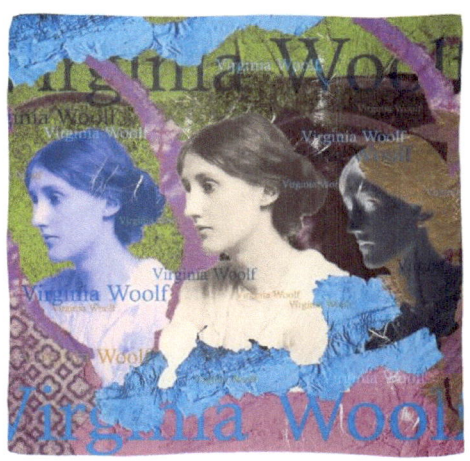

Cascada de Palabras, cartonera

Desde un cuarto propio,
compilación de poetas iberoamericanas

Pamela Simoncelli

Mujer del cielo

Dicen que se fue al cielo...
    Caminaba por un burdel.
        ¡Yo, no creo que esté en el cielo!
       Está cantando en una azul peña,
          con su amada guitarra...

La busqué, la encontré, su canto
me hizo llorar... Es de una belleza primitiva,
natural, intransigente, volcánica.

Dime, dónde te encuentro. En lo vulnerable,
en el desamor... También en los colores y en la
innovación. Siempre con los obreros, en el
pensamiento de los guerrilleros, Galvarino,
Emiliano y Manuel. En el candente verano...
    en alguna lagrima, en un corazón partió.
Seguro allí me encuentras...Y allí, la vi partir.
        En un camino de lágrimas,
          junto a su guitarra.

Cascada de Palabras, cartonera

Desde un cuarto propio,
compilación de poetas iberoamericanas

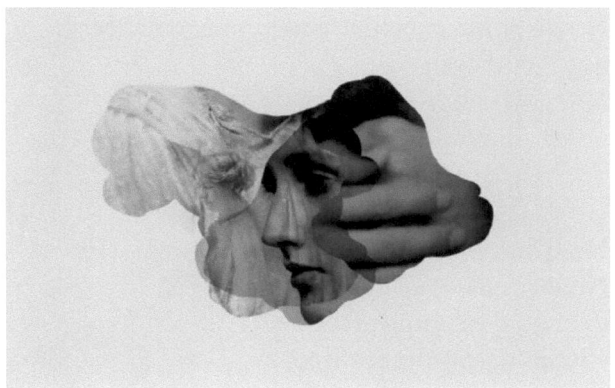

Simplemente calle

Salgo a la calle dispuesta a todo...
A encontrar canguros, mándalas,
formulas escondidas, dinero sin dueño...
Caras dulces y agrias,
ventanas con ojos inquietos...
El griterío no me corrompe. Menos,
una mascarilla.
El bendito silencio, me abraza.
Veo una bufanda bicolor,
me abraza y abrazo después a otro.

Cascada de Palabras, cartonera

Desde un cuarto propio,
compilación de poetas iberoamericanas

No disimulo nada, no tengo porque hacerlo.
Soy tozuda, una errante.
No tengo nada y lo busco todo,
no disimulo mi espalda mojada,
desde hace años.

No disimulo mi sangre Selknam, ni la italiana.
No disimulo que cuando amo,
lo hago desde mi cerebro
y hasta mi última frontera.

¡No disimulo que tengo hambre,
que busco pan!
No disimulo que deseo ser grande y caminar
entre espumas, desnuda, abrazando la mar.
No disimulo mis brutales versos y menos
                mi sonrisa perfecta.

Me estremezco de mar a cordillera.
No disimulo mis manos pequeñas
que toman tu tierna espalda;
finalmente, es lo que acompaña...

Cascada de Palabras, cartonera

Desde un cuarto propio,
compilación de poetas iberoamericanas

No disimulo ¡que salgo a la calle,
dispuesta a todo.

Claramente, no soy más de lo mismo!

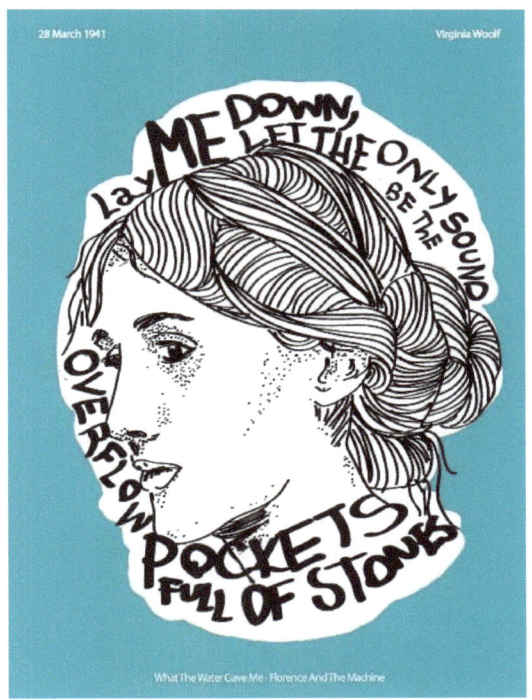

Cascada de Palabras, cartonera

Desde un cuarto propio,
compilación de poetas iberoamericanas

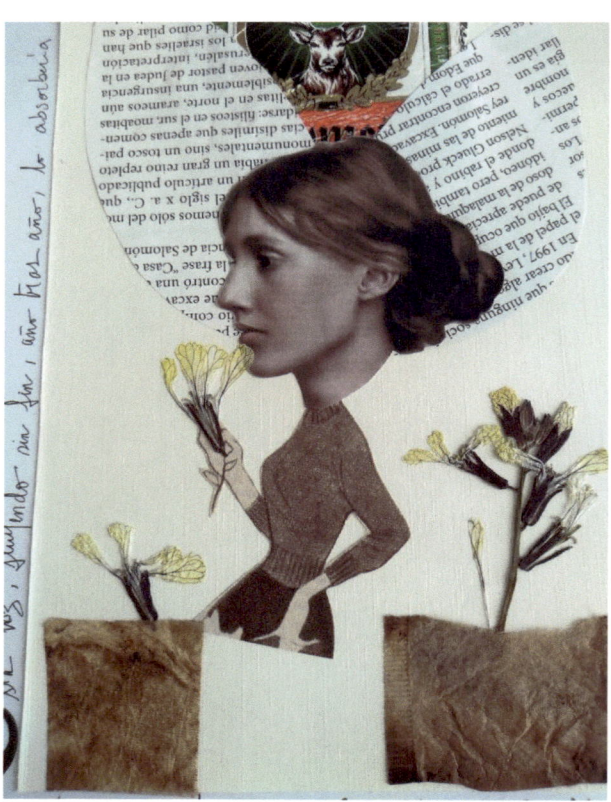

Cascada de Palabras, cartonera

Desde un cuarto propio,
compilación de poetas iberoamericanas

Lengua

En el silencio oscuro de tu lengua falsa,
                             he de verte...
Estoy segura de la fuerza de mi lengua
                      que se para en sus cinco pies.
Soy mestiza
           porque mi origen está en el interior
                             del océano.

Allí, se forjaron todas mis palabras.
Las dulces, impactantes, inoxidables,
agrias, inoportunas.
Altas, bajitas,
creativas las que me gustan.

También hay palabras cerradas...
Egoísmo, tiranía, hipocresía,
las que no dejan entrar la luz del día.
En ellas no brota el amor, menos la empatía,
no es fácil evitarlas.
            ¡Salto veinte charcos y me alejo de ellas!

Cascada de Palabras, cartonera

Desde un cuarto propio,
compilación de poetas iberoamericanas

Entonces llegó el amor, amistad, honestidad, silencio bendito.

¡Me abrazo a ellos como una abeja al polen!
Así voy por la vida.
Mestiza de infinitas conexiones.

Pamela Simoncelli
Chile
Profesora y escritora.
Autora del libro "Yuxtapuestos poemas y relatos".
Socia de la Sech Sociedad de Escritores de Chile.
Facebook: Pamela Simoncelli
Instagram: @Pamela.Simoncelli.71

Cascada de Palabras, cartonera

Desde un cuarto propio,
compilación de poetas iberoamericanas

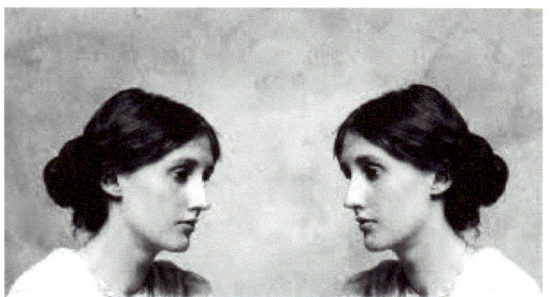

Las mujeres han gozado de menos libertad intelectual que los hijos de los esclavos atenienses. Las mujeres no han tenido, pues, la menor oportunidad de escribir poesía. Por eso he insistido tanto sobre el dinero y sobre el tener una habitación propia.

Virginia Woolf

Cascada de Palabras, cartonera

*Desde un cuarto propio,
compilación de poetas iberoamericanas*

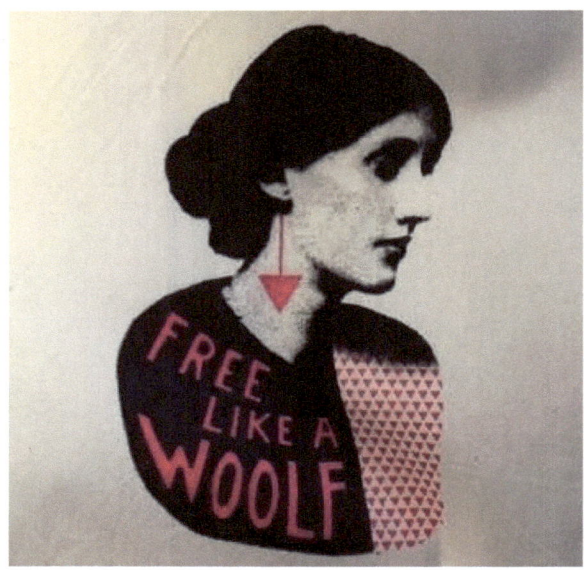

Ramira Salmerón

Estos días en que no tengo respuestas, me levanto en automático para preparar el desayuno y correr de un lado a otro, haciendo malabares entre la educación, mis anhelos y el trabajo.

Cascada de Palabras, cartonera

Desde un cuarto propio,
compilación de poetas iberoamericanas

Algunos días quisiera pedir el divorcio de mamá.
Me cansa y me angustia no tener lo necesario.
Que el dinero no alcance.
                Que mi experiencia,
                      simplemente sea insuficiente.
                Que me falte la fuerza, la paz
           y la tranquilidad que antes nunca tuve.

Mirar sus ojos, pensar sus años.
        Crecer de nuevo la etapa que más me dolió.
                Recordar los regaños, las peleas
                      y los castigos de fijo.
Lo que para los adultos era represión,
para mí significaba aprendizaje de libertad.
                Buscarme para aferrarme a mí.

Ahora que me encaro a su crecimiento.
Ver sus acciones. Revelarme en sus malos
gestos, sus malos modos, mi propio espejo.

El impacto de autenticidad.
            Cada ser moldeando su universo.

Cascada de Palabras, cartonera

Desde un cuarto propio,
compilación de poetas iberoamericanas

La pureza en sus mentes y en sus modos
de resolver o complicar el mundo.

A veces, me temo.
           No quiero ser el dolor más profundo
                    en su pecho.
           Ni ser quien corte sus alas
              por mis propios miedos.

A veces, no me gusta lo que doy.
Quisiera ser otra y escapar de está realidad,
es cruda y hermosa.
También me tengo que reparar.
Sanar para sanar sanando.

Si quiero enseñar, tengo que aprender a darlo.
A veces, es lo único que me repito,
no encuentro forma para balancearlo.
No me rindo.
La única meta en mi vida, es verlas volar
           y que siempre que lo deseen,
             puedan volver a su nido
               con confianza y amor.

Cascada de Palabras, cartonera

Desde un cuarto propio,
compilación de poetas iberoamericanas

Que se sepa que nada de esto es objeción.
Para poder respirar con calma,
hay que aprender a ser exhalación.

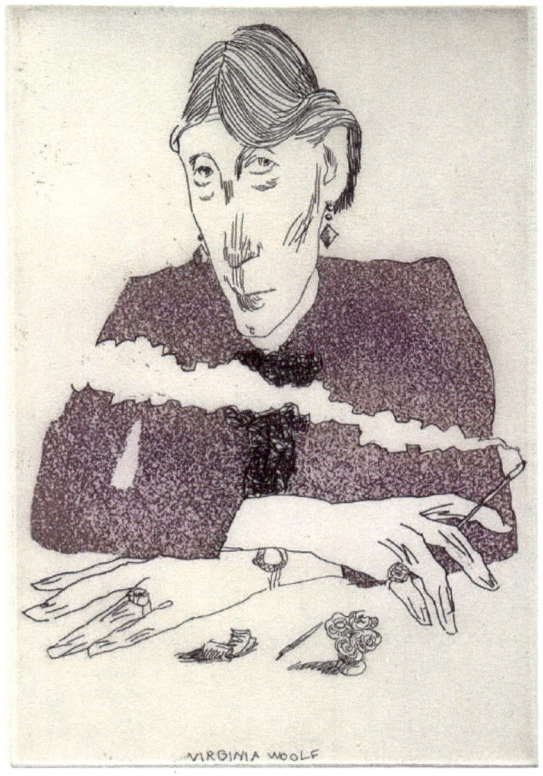

Cascada de Palabras, cartonera

*Desde un cuarto propio,
compilación de poetas iberoamericanas*

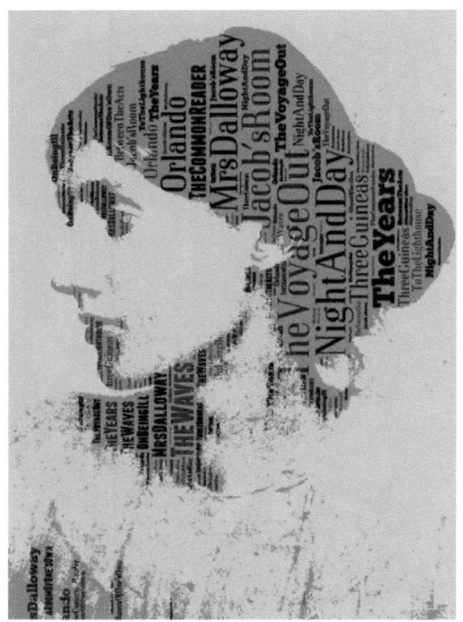

El súper poder...
de poder

Estoy harta de poder y tener que dar ejemplo.
No he ganado nada, únicamente
soledad y aislamiento.

Cascada de Palabras, cartonera

Desde un cuarto propio,
compilación de poetas iberoamericanas

                Me duele mucho reconocerlo,
me hice una capa protectora y ahora,
no puedo escapar de este encierro,
en esta bola de nieve que me lleva, y con ella
se me agrandan los nervios.

Me disculpo por las veces que fallé y por todas
las que no he completado mis versos.
¡Necesito amor!
Pero les dejé esperando respuestas
                por temor a no merecerlo.
Estoy harta de sobrevivir, de sobre poder,
de que sea bueno ser incansable.
De intentar de todo para calmar el miedo.

    No queda nada y sólo me atraganto en llanto,
        buscando explicaciones de por qué
            todos se van, de por qué
              parece como si no existiera
                  y sólo ven de mí
                    lo que ya no quiero dar.

Dormir llorando, despertar para llorar.
Intenté dejarles pasar, pero a todas las citas,
nadie quiso llegar.

Cascada de Palabras, cartonera

Desde un cuarto propio,
compilación de poetas iberoamericanas

Ahora, estoy sola
y nadie lo sabrá.

Abrí la llave del gas y se había terminado.
Tratar de huir de mí, es
como volver a mirarme al espejo.

Entre más me quiero ir, más compromisos
hago; más ideas surgen, nuevas telas y más
letras quedan por expulsar.

Es como vomitar mis traumas y esto me deja un
día más. para respirar. Luego otro y otro.
Y ha pasado un año más.
No sé que tan bueno sea,
ni que tan cierta sea la verdad.
Existo, no voy a nadar a contra corriente,
el cause me llevará a mi lugar.

Me muevo como autómata sin sentido.
Acepté el papel de ser invencible
y poder con todo lo que no he elegido.

Cascada de Palabras, cartonera

Desde un cuarto propio,
compilación de poetas iberoamericanas

No soy esta y la sonrisa que miras, me cuesta.
Cuando la veo,
sólo quiero azotar mi cabeza contra la puerta.

Estoy harta de que me digan que todo va a estar bien, cuando tengo que soportar y sobrevivir a la ansiedad, a los sueños tontos de viajar, a la renuncia de los gustos y la a libertad, porque me toca trabajar, cocinar, educar; acompañar, ser buen ejemplo, tener paciencia... energía, ganas de jugar.

Porque me toca limpiar, abastecer, inspirar;
tener ideas recreativas y dinero para lograr,
      y ya vi que no queda tiempo de anhelar.
Se me hace un nudo entre cuentas
y esta puta soledad.

Me levanto cada día con ganas de triunfar y cada noche me asqueo de mí, de no poder lograrlo.

Cascada de Palabras, cartonera

Desde un cuarto propio,
compilación de poetas iberoamericanas

No tengo ideas nuevas, ni versos de positivismo y escribo, porque es lo único que me hace estar pendiente de un hilo y no querer colgarme con él...

Ramira Salmerón
México.
Escritora de versos, bordadora de realidades, escribo para resistir al espejo, no me disgusta ninguno de mis textos, vergüenza me daría, querer renegar.

Facebook: RamiraSalmeron
Instagram: Bordalaxia

Cascada de Palabras, cartonera

*Desde un cuarto propio,
compilación de poetas iberoamericanas*

*Me hago y me deshago
continuamente.
Diferentes personas
sacan palabras diferentes
de mí.*
Virginia Woolf

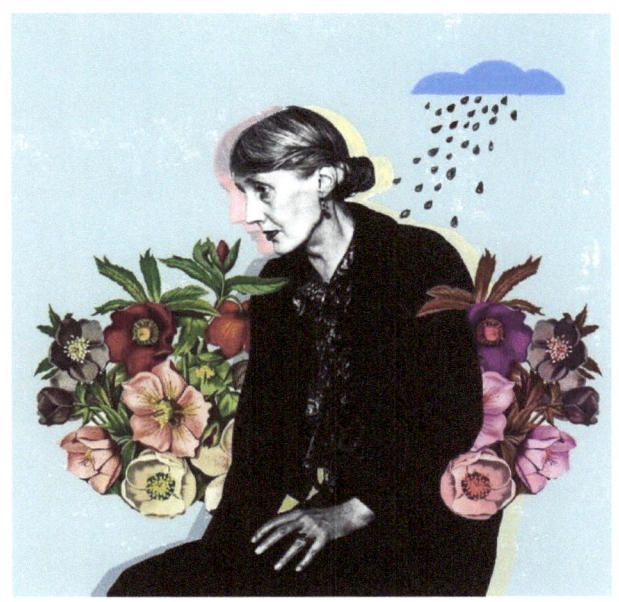

Cascada de Palabras, cartonera

*Desde un cuarto propio,
compilación de poetas iberoamericanas*

Rocío Prieto Valdivida

Mujer palabra

Soy el agua terracota
        que fluye por los arroyos de mi infancia.
La flama crece entre las zarzas,
          caminos llenos de amapolas.

Mi madre fue verso, beso tierno,
        palabra de hoja en blanco.

Soy retoño, los azores dieron frutos,
    fósforo de los mares,
roca formando arrecifes; ese canto afilado,
  piedra laja morada en los días lluviosos,
        península imagen de mi descendencia,
    barro creado en el inicio de los tiempos,
    colibrí bebiendo el néctar de tus labios,
        colirio limpiando tus ojos.

Soy mujer
imperfección de la palabra.

Cascada de Palabras, cartonera

Desde un cuarto propio,
compilación de poetas iberoamericanas

Soy Jericó
Nuestra canción favorita
            ahora es cántico de guerra.
No intentes ser soldado que danza
           alrededor de mis murallas.
No soy Jericó y no permitiré que este ulular de
tu locura debilite mi decisión.

Fuimos dos murallas
           en las que no pudo descansar
           aquel perro sangriento del amor.

Rocío Prieto Valdivia
Mexicali. Baja California, México.
Escritora, promotora de lectura,
imparte talleres infantiles y juveniles
de escritura, lectura y arte.

Radica en Ensenada B.C México.

Correo electrónico roxi-07@hotmail.com

Cascada de Palabras, cartonera

Desde un cuarto propio,
compilación de poetas iberoamericanas

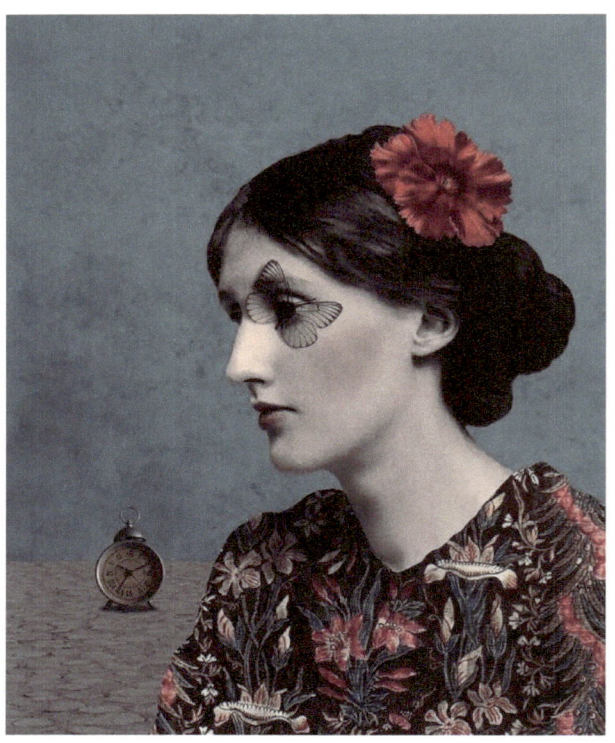

Cascada de Palabras, cartonera

*Desde un cuarto propio,
compilación de poetas iberoamericanas*

El lenguaje es vino sobre los labios...
Virginia Woolf

Tania Jasso Blancas

La hora de nosotras

Compañeras, hoy desborda mi bilis.
No puedo plasmar dulzuras mientras la sangre
nos inunda.

Bajo el cielo mexicano,
cinco hermanas yacen masacradas,
veinte ultrajadas en cada hora que se desliza.

Multiplica el dolor y entenderás nuestra ira.
Cinco vidas segadas,
veinte corazones profanados.

No se equivoquen, no es odio lo que brota;
es hartazgo, indignación y siglos de silencio.

Cascada de Palabras, cartonera

Desde un cuarto propio,
compilación de poetas iberoamericanas

No somos siluetas, somos voces que insultan.
Somos el zumbido voraz de abejas anhelantes
de equidad real, el temblor sísmico bajo tierra
cuando el volcán se dispone.

Somos el trueno
perturbando la falsa serenidad patriarcal,
el relámpago que quiebra la noche
de impunidad secular.

¡Basta ya de excusas, de culpar a la víctima!
¡Basta de creer que con migajas se nos apacigua!

Llevamos fuego en el interior,
no hay retorno hasta ver caer este sistema,
podrido desde sus raíces.

¿Quieren llamarnos locas? Adelante,
intenten de nuevo.

Somos la locura de la verdad,
después de tanto veneno.
Somos la verdad de las maltratadas
en todos los rincones.

Cascada de Palabras, cartonera

Desde un cuarto propio,
compilación de poetas iberoamericanas

Sujétense,
ha llegado el momento de ajustar
                     cuentas pendientes.

Ha llegado la hora
de romper el viento con los puños,
de sacudir los cimientos
                     carcomidos del machismo.
Que tiemblen,
porque llegó la hora de nosotras.

Levantémonos hermanas,
ha llegado el momento de rugir.

Rugimos por nuestras madres,
agotadas de parir sin tregua;
por nuestras abuelas, doblegadas a ser
meras reproductoras y sirvientas;
por las trabajadoras,
acosadas por jefes que se creen dueños;
por las niñas, arrebatadas de su infancia
                     por impuestos de maridos.

Cascada de Palabras, cartonera

Desde un cuarto propio,
compilación de poetas iberoamericanas

Rugimos con ímpetu por las migrantes, ultrajadas en trochas y desiertos,
por las privadas de libertad, en centros de detención inhumana, por las estudiantes, sedientas de ciencia, burladas en respuesta,
por las artistas, menospreciadas por críticas sesgadas y patriarcales.

Rugimos por las diversas,
expulsadas de hogares por ser quienes son;
por las desposeídas,
despojadas de sus tierras ancestrales;
por las guerreras pacíficas,
tras las rejas por alzar su voz;
por nuestra ascendencia que nos parió de pie.

Nuestro rugir resuena como el trueno
antes de la tempestad inminente.

Somos el diluvio, somos el temblor que agrieta cimientos podridos. Antorchas que incendian y derriten cadenas con su resplandor.
Un puño unido, un grito vibrante: ¡Justicia ya!

Cascada de Palabras, cartonera

Desde un cuarto propio,
compilación de poetas iberoamericanas

Elevémonos más alto, es hora de nosotras.
Llegó la era de purgar ignominias acumuladas.
Sepultemos el viejo mundo que nos desprecia.
Demos a luz un futuro
                donde todas tengamos cabida.

¡Rugid, hermanas!

Que nuestro eco se sienta en el universo.
Retumbe nuestro rugir,
desde Tijuana a la Patagonia.

Que la tierra cruja
bajo los pasos de nuestras marchas masivas.
Que teman los violentos y abusadores.

La marea imparable de nuestra justa emancipación, ha llegado.

Arrasaremos con el patriarcado tóxico, decadente y carcomido.
Giraremos la rueda de la historia
hacia un mañana luminoso.

Cascada de Palabras, cartonera

Desde un cuarto propio,
compilación de poetas iberoamericanas

Donde el eco de igualdad y justicia
reverbera en los surcos de la vida.

Han concluido los siglos de opresión injusta
sobre nosotras.

Despertamos,
hallamos la fortaleza de nuestras antecesoras.

Juntas,
derribaremos fortalezas de milenaria opresión.
Sobre sus ruinas,
sembraremos un mundo renovado.

Un mundo donde ser mujer
no signifique condena ni estigma;
donde los estereotipos
ni nos constriñan, ni nos mutilen;
donde somos dueñas
de cuerpos, mentes y deseos propios,
dueñas de destinos,
libres de violencia y humillación.

Ese nuevo mundo late en cada grito de furia.

Cascada de Palabras, cartonera

Desde un cuarto propio,
compilación de poetas iberoamericanas

Late en la solidaridad
de hermanas unidas en la lucha.

Sentimos sus pulsaciones,
escuchamos su aproximación.
¡No nos detendremos, no claudicaremos!
¡El futuro es femenino; el porvenir
es de todas!

Tania Jasso Blancas
México

Escritora, poeta y editora,
nació en Morelos, México, 1977.
Textos suyos aparecen en revistas y periódicos nacionales
e internacionales, así como en distintos medios digitales.

Ha colaborado en antologías y compilaciones
nacionales e internacionales.

Ha sido importante promotora cultural y de los
derechos de las mujeres.

Cascada de Palabras, cartonera

Desde un cuarto propio,
compilación de poetas iberoamericanas

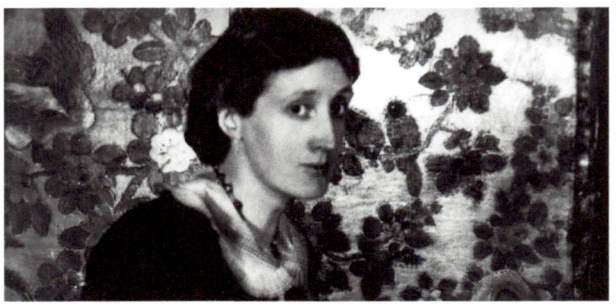

"Escribir lo que uno quiere escribir es lo único que importa, y que eso importe por siglos o por horas es lo de menos. Pero sacrificar un pelo de la cabeza de tu visión, un matiz de su color para complacer a algún director con una copa de plata en la mano o a un profesor con una vara de medir en la manga, es la más abyecta traición".

Adeline Virginia Woolf, más conocida como Virginia Woolf, fue una escritora británica, autora de novelas, cuentos, obras teatrales y demás obras literarias; considerada una de las más destacadas figuras del vanguardista modernismo anglosajón del siglo XX y del feminismo internacional.

Cascada de Palabras, cartonera

*Desde un cuarto propio,
compilación de poetas iberoamericanas*

Verónica Schennel

Descalza

Descalza ante el mundo,
sin nada que esconder o aparentar;
descalza ante la vida para sentirme libre;
descalza ante tus ojos para que puedas ver a
través de mi transparencia,
      con mis virtudes y mis defectos,
      con mis triunfos y mis derrotas,
      con mis errores, porque soy humana.
Con el cabello suelto, revoloteo con el viento,
 abrigada por el calor del sol que se refleja sobre
      mi piel dorada, con la brisa acariciándome,
            sin disfraces ni máscaras,
                  sin maquillaje.
Camino a mi ritmo y a veces, corro,
siento la arena y el asfalto,
esquivo los obstáculos que encuentro en el
camino, con mis heridas y cicatrices.
Simplemente, yo misma.

Cascada de Palabras, cartonera

Desde un cuarto propio,
compilación de poetas iberoamericanas

Mujer

Hay días en los que la naturaleza perfecta
me recuerda que soy mujer, territorio fértil,
cuerpo milagroso capaz de generar vida,
hogar bendito que brinda calor y protección,
nido de amor.

Mujer: Piel de seda, con alma de guerrera.
Delicada y suave como pétalos de rosas, pero
con espíritu valiente y fuerte, como una roca.

Libre y ligera, decidida y aventurera.

Verónica Schennel
Venezuela

Ha figurado en los primeros lugares
de varios Concursos Internacionales.
Su trabajo ha sido publicado
en diversos blogs, redes sociales,
revistas digitales y antologías a nivel nacional
e internacional.

Facebook: @VerónicaSchennelOttati
Instagram: @Verónica.schennel06

Cascada de Palabras, cartonera

Desde un cuarto propio,
compilación de poetas iberoamericanas

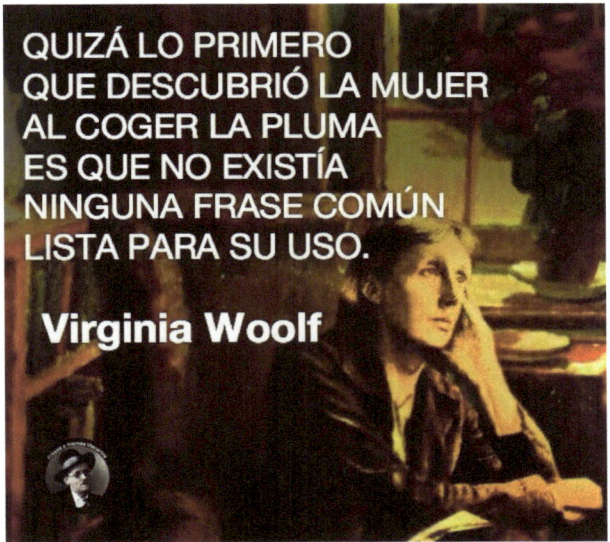

Cascada de Palabras, cartonera

Desde un cuarto propio,
compilación de poetas iberoamericanas

Cascada de Palabras, cartonera

Desde un cuarto propio,
compilación de poetas iberoamericanas

Índice

Almudena González, Malaga, España
7... Desesperación

Argelia Cano
9... Inseguridades
11... Renuncia
13... Días fríos

Carmen Campuzano
15... Peregrinas
16... Restauración
17... ¿Inicio tardío?

María Guadalupe
Cevallos Rodríguez
20... Abordaje

Laura Marcela
Cabeza Cifuentes
28... Alucinación colectiva

Domenica de León
38... Dolorosa
40... Guerrera
41... Nido

Cascada de Palabras, cartonera

Desde un cuarto propio,
compilación de poetas iberoamericanas

Marlene Ortiz
44... ¡Somos mujeres!
45... Mujer
46... Clamor

Pamela Simoncelli
48... Mujer del cielo
49... Simplemente calle
53... Lengua

Ramira Salmerón
56... Estos días
60... El súper poder... de poder

Rocío Prieto Valdivida
66... Mujer palabra
67... Soy Jericó

Tania Jasso Blancas
69... La hora de nosotras

Verónica Schennel
77... Descalza
78... Mujer

Cascada de Palabras, cartonera

Desde un cuarto propio,
compilación de poetas iberoamericanas

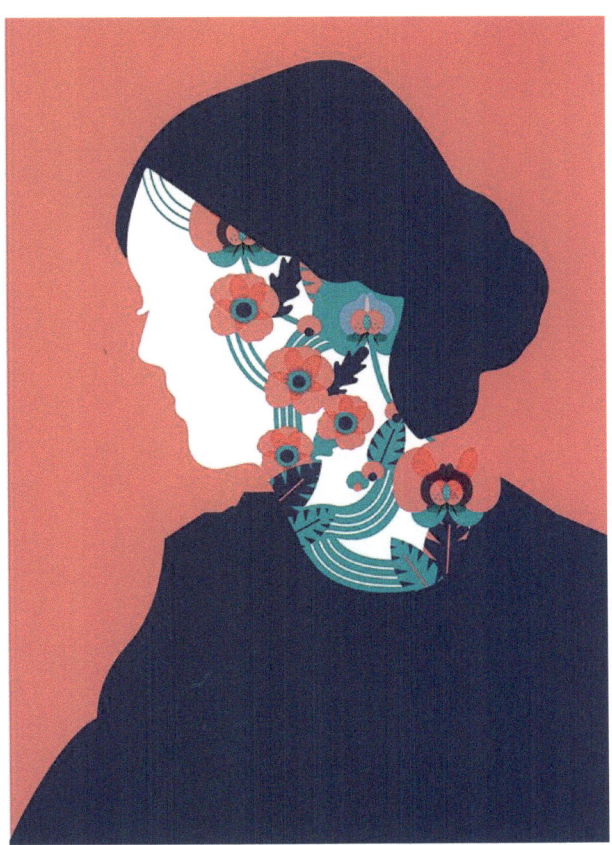

Cascada de Palabras, cartonera

www.ingramcontent.com/pod-product-compliance
Lightning Source LLC
Chambersburg PA
CBHW040319220526
45473CB00009B/2499